FERRET 1976

WATERLOO

PAR

Jean-Marie SAINT-JULIEN

LYON
IMPRIMERIE Vve MOUGIN-RUSAND
3, Rue Stella, 3

1898

WATERLOO

WATERLOO

PAR

Jean-Marie SAINT-JULIEN

LYON
IMPRIMERIE Vᵛᵉ MOUGIN-RUSAND
3, Rue Stella, 3
—
1898

WATERLOO

AYANT obtenu un emploi modeste à Bruxelles, je me suis rendu sur le champ de bataille de Waterloo, pour le visiter pendant une journée entière, qui m'a paru trop courte. J'ai cru devoir y retourner, afin de faire un étude plus complète du terrain, en y consacrant une semaine.

Après le séjour en cet endroit, je me suis reporté aux relations historiques de la bataille de Waterloo, cherchant à comprendre les nombreux incidents de cette lutte extraordinaire.

J'ai lu :

1° Le *Précis de la campagne de 1815, dans les Pays-Bas*, imprimé à Bruxelles, et rédigé par une Commission d'officiers belges.

2° La relation de M. Thiers, dans son *Histoire du Consulat et de l'Empire*, tome XX.

Dans ces deux ouvrages, les auteurs, après des recherches nombreuses et documentées, pensent avec une entière bonne foi, être arrivés aussi près que possible de la vérité.

Pour moi, simple lecteur de ces savants documents, je crois devoir donner la préférence à la relation belge citée plus haut; elle me semble plus impartiale, plus rigoureuse, au point de vue militaire, que celle de M. Thiers, qui avec un enthousiasme bien complet, et même admirable, semble tout pardonner, pour les faits militaires, à l'empereur Napoléon Ier; en rejetant, par suite, toutes les fautes sur ses lieutenants.

M. Thiers est moins prodigue de louanges sur la politique suivie par l'empereur; et en cela, il devait être bon juge, avec ses études spéciales et sa grande finesse naturelle. Mais en questions militaires, il semble qu'il fut dans ce cas, un admirateur passionné, percevant vivement ces grandes choses, sans pouvoir toutefois les apprécier complètement, parce qu'il n'en connaissait pas les détails.

D'après les considérations qui précèdent, je m'appuyerai dans la présente étude, sur les renseignements donnés par le *Précis de la campagne de 1815, dans les Pays-Bas.*

Les dispositions lentes et insuffisantes, prises par l'armée française, dans la journée du 17 juin 1815, ont contribué fortement à la défaite du lendemain. Le centre de l'armée fut porté vers l'aile gauche, à la position des Quatre-Bras, qui ne fut occupée dans cette journée, qu'après la retraite complète de l'armée anglo-alliée. L'aile droite, chargée de poursuivre, surveiller, et même maintenir l'armée prussienne battue la veille, ne parvint pas même au contact, qui n'aurait pas dû être perdu un seul instant. Les ordres de l'empereur aux commandants des deux ailes ne sont pas tous parvenus à destination, bien que les distances, à vol d'oiseau, ne dépassassent pas vingt kilomètres. De plus, les ordres parvenus à ces généraux, les ont laissés dans l'indécision sur leurs mouvements. Enfin, un orage épouvantable, pendant l'après-midi de cette journée, mit l'armée française dans un plus triste état que celui des armées alliées, parce que ces dernières avaient presque terminé leurs principaux déplacements, dans la matinée.

Ainsi, les causes morales et physiques semblaient tourner ce jour-là contre cette armée française, qui avait eu tant d'éclat, quelques années avant ; comme si tout ce qui touche à l'humanité devait finir et que l'on puisse dire : les hommes et leurs œuvres, peu de chose.

Le 18 juin 1815, jour de la bataille de Waterloo, l'armée française comptait les effectifs suivants :

Sur le champ de bataille, aile gauche et centre de l'armée, 72.400 hommes, 240 canons. A Gembloux, aile droite de l'armée, 33.300 hommes, 96 canons. En arrière de Ligny, la division Girard, 2.400 hommes, 1 batterie.

Les effectifs de l'armée anglo-alliée étaient :

Sur le champ de bataille, le gros de l'armée, 70.000 hommes, 33 batteries. A Tubize, près de Hal, sur la droite de l'armée, 18.000 hommes, avec artillerie.

L'armée prussienne, concentrée à Wavre, a été évaluée à 80.000 hommes, avec artillerie.

La bataille de Waterloo a donc été engagée avec :

72.400 hommes et 240 canons français contre 70.000 hommes et 198 canons anglo-néerlandais, en admettant 6 canons par batterie ennemie.

Le champ de bataille de Waterloo présente deux grandes lignes de plateaux ondulés, lignes à peu près parallèles entre elles, et dirigées du sud-ouest au nord-est. La première a une de ses extrémités à l'emplacement du monument : « Le lion de Waterloo » et se prolonge jusqu'au nord du village d'Ohain ; la seconde commence à Rossomme, passe au nord du village de Plancenoit et au sud du château de Frichemont, pour aboutir au bois de Paris (1). Ces deux lignes sont en oblique, sur la chaussée de Bruxelles à Charleroy, qui, sur ce terrain, suit la ligne de partage des eaux, entre la rivière de la Dyle et celle de la Senne. Il en résulte que les points des plateaux, situés sur la dite chaussée, sont plus élevés que les terrains placés à leur droite ou à leur gauche.

L'armée ennemie, en position de défense, occupait la première de ces lignes ; l'armée française, voulant attaquer, occupait la seconde.

De ces deux positions, quelle était la meilleure ? Elles présentaient à peu près le même développement, en longueur et des altitudes comparables ; mais, il n'en était pas de même pour les profondeurs, qui donnaient l'avantage à la position ennemie. Cette dernière avait, à dos, à quatre kilomètres, la forêt de Soignes, plus

---

(1) Voir la carte au 1/20.000, jointe à la présente étude.

utile que nuisible, en cas de retraite; celle des Français avait, en arrière, à moins d'un kilomètre, la rivière de Lasnes, situation dangereuse. De plus, l'armée alliée était placée au bord de ses plateaux et pouvait soustraire, à la vue des Français, une grande partie de ses dispositions en arrière; tandis que l'armée française avait toute sa gauche et son centre, en vue de l'ennemi; car, elle ne pouvait, pour l'attaque, rester sur les hauteurs de Rossomme, beaucoup trop éloignées. Enfin, si on tient compte des avantages spéciaux de la position défensive : Un chemin dit « Chemin creux » bordant, en la protégeant, toute la ligne de bataille; des postes avancés et fortement occupés, château de Goumont, ferme de la Haie-Sainte, fermes de Papelotte et de la Haie; l'armée française n'ayant rien de semblable; on est forcé de reconnaître la supériorité naturelle de la position ennemie sur celle des Français.

Ajoutons à cela que l'armée alliée commençait à prendre son ordre de bataille, à 6 heures du matin, finissant à 8 heures les mouvements préparatoires; tandis que l'armée française n'était en position qu'à 10 heures et demie, pour commencer l'attaque à 11 heures et demie seulement.

Ces retards, chèrement payés, sur la fin de la journée, ont été attribués au mauvais état du sol et à la fatigue des troupes.

A 11 heures et demie l'attaque était commencée contre un ennemi ayant pour lui l'avantage de la position et disposant, à peu près, des mêmes forces numériques que nous; sauf, toutefois, pour son artillerie, dont le nombre de canons était inférieur, environ d'un cinquième, à celui de l'artillerie française.

Il est incontestable qu'une armée, qui attaque,

doit considérer cette opération comme une réduction de ses forces matérielles; la compensation, dans ce cas, ne peut se trouver que dans l'effet moral, l'entraînement des troupes, qui, bien souvent, enlève la victoire. Néanmoins, dans les conditions indiquées ci-dessus, cette détermination était audacieuse, parce que les ennemis avaient repris courage et ne tenaient plus les Français comme invincibles. C'est pourquoi, afin de ne rien négliger dans les chances de succès, il semble que l'armée française aurait dû employer plus complètement son artillerie, supérieure en nombre de pièces, dans les préliminaires de l'attaque.

D'après les historiens militaires, le plan de bataille de l'empereur pouvait ainsi se résumer :

« En laissant l'ennemi dans l'incertitude, sur le point menacé, occuper son aile droite, par une puissante diversion, enfoncer son aile gauche, se rabattre sur le centre, en occupant la chaussée de Bruxelles et, séparer, ainsi, l'armée anglo-néerlandaise de l'armée prussienne. »

De 11 heures 1/2 à 1 heure 1/2. — La bataille fut donc commencée vers 11 heures et demie, par l'attaque de la position avancée de Goumont. Presque tout le corps du général Reille y fut employé, sans pouvoir parvenir à s'emparer des bâtiments et ne pouvant se maintenir seulement que dans le bois situé, alors, au sud-est et dans la direction de Plancenoit. Ce bois, à peu près carré, sur trois cents mètres de côté, n'existe plus en entier; il est porté sur la carte de l'atlas du Consulat et de l'Empire; mais non sur la

CHÂTEAU ET FERME DE GOUMONT À WATERLOO

carte au 1/20.000 du dépôt de la guerre belge. Cette dernière carte donne, à ce sujet, l'état actuel des lieux.

On doit se demander si, au lieu de tenter la prise de Goumont, par des attaques d'infanterie, ce qui a paralysé, pendant toute la journée, un corps de l'armée française, on avait employé l'artillerie pour démolir et brûler les bâtiments, on ne serait pas parvenu à meilleur résultat, sans d'aussi grandes pertes. Les positions de batterie ne manquaient pas ; car, si on parcourt le terrain, situé à l'ouest de la chaussée de Charleroy, entre la Belle-Alliance et Rossomme, on voit que près du chemin allant de ce dernier point sur Braïne-l'Alleud, il existe de nombreuses positions pour l'artillerie, sur une longueur d'un kilomètre, sans dépasser la chaussée de Nivelles, et, à cinq ou six cents mètres, en portée de Goumont. De plus, près du petit chemin qui, du sud de la ferme « La Salière », se dirige exactement à l'ouest, on trouve encore quelques positions de batterie contre Goumont ; mais à des distances de huit à neuf cents mètres.

On pouvait donc brûler Goumont, avec le canon, bien que, à cette époque, la portée extrême des projectiles ne fut que de mille mètres, environ. Et cela eût été de bonne guerre ; car, au début, plus la guerre est féroce, moins elle semble inhumaine, parce qu'on gagne du temps et la dite guerre devient plus courte [1].

Vers midi, la lutte fut commencée sur toute l'étendue du front de chaque armée ; une grande batterie française ayant soixante-dix-huit pièces, placée

---

[1] Voir la gravure de la ferme, Château de Goumont, d'après un tableau fait sur place.

sur la crête de la Belle-Alliance, préparait l'attaque principale sur le mont Saint-Jean. Mais, bientôt après on put voir sur les hauteurs de Chapelle-Saint-Lambert, entre la Dyle et l'Asnes, l'avant-garde du corps prussien du général de Bulow, qui amenait ainsi un renfort de trente mille hommes, à l'ennemi.

Pour parer à ce fâcheux incident, le corps du général Lobau fut porté dans la direction du bois de Paris, afin de soutenir deux divisions de cavalerie dirigées sur ce point menacé.

Je n'ai pas eu assez de temps pour me rendre au-delà de ce bois de Paris et visiter la position dite : « Le défilé de l'Asnes », laquelle est citée comme devant être fortement occupée en pareille circonstance.

De 1 heure 1/2 à 3 heures. — La grande batterie de soixante-dix-huit canons, placée sur la crête de la Belle-Alliance, n'avait pas donné une efficacité en rapport à l'intensité de ses feux ; la portée de douze cents mètres, environ, était un peu forte et une grande partie des projectiles, trop courts, étaient arrêtés, par le terrain, avant d'atteindre l'ennemi. Il faut croire que le tir était alors assez mal observé ; car, dans ces conditions, on aurait pu trouver, à mi-distance, de bonnes positions de batterie, ayant en moins quelques mètres d'altitude ; mais, étant bien couvertes par la forme du terrain. Ces positions sont à l'extrémité sud-ouest du ravin qui donne naissance à la rivière d'Ohain.

A une heure et demie, les quatre divisions du général d'Erlon furent mises en mouvement, sur quatre colonnes, la gauche en tête, pour attaquer la gauche de l'armée ennemie. La première colonne fut divisée en deux, afin de consacrer une brigade à l'attaque spéciale de la ferme de la Haie-Sainte. Le verger, situé au sud de cette ferme, fut pris ; le jardin, au nord, fut occupé ; mais la ferme ne fut ni prise, ni occupée, à ce moment. Là, comme pour l'attaque du château de Goumont, on pouvait brûler les bâtiments, avec le canon, des positions de batterie désignées ci-dessus, et même des positions de la Belle-Alliance (1).

La deuxième partie de la première colonne d'attaque ayant rejoint la deuxième colonne, en obliquant à l'est, arriva, avec cette dernière, sur la crête ennemie ; mais, ces troupes furent bientôt délogées et repoussées, avec de grandes pertes, parce que leur formation était compacte. La troisième colonne eut le même sort, elle parvint sur la crête, ne put se déployer et fut vivement repoussée. Il y eut alors de brillants combats de cavalerie ; quinze canons français, embourbés dans le ravin d'Ohain, furent désorganisés ; la gauche de la grande batterie de la Belle-Alliance fut attaquée par les dragons anglais ; mais ces derniers, pris en flanc, par les cuirassiers français, furent ramenés, et à moitié détruits

La quatrième colonne d'infanterie, seule, avait pu parvenir, en bon ordre, sur le plateau ennemi, où elle aurait pu se maintenir, sans doute, si les autres colonnes n'avaient pas dû battre en retraite.

En résumé, l'attaque d'infanterie avait échoué. Vers 3 heures, il y eut un léger temps d'arrêt, dans la bataille, sauf au château de Goumont.

De 3 heures à 5 heures. — Un peu après trois heures, l'attaque de la Haie-Sainte fut recommencée ;

---

(1) Voir la gravure de la ferme de la Haie-Sainte, d'après un tableau fait sur place.

on entra dans la ferme, par l'ouest et par le nord, et elle demeura, jusqu'à la fin de la journée, au pouvoir de l'armée française, qui porta une partie de son artillerie, entre la dite ferme et Goumont, à très bonne portée du mont Saint-Jean. Par suite de cette bonne manœuvre, l'efficacité des feux fut telle que l'armée ennemie recula sa première ligne de cent cinquante mètres en arrière, ce qui fit croire à un premier mouvement de retraite.

Ce fut à ce moment que commencèrent les grandes charges des cuirassiers français, contre les carrés inébranlables de l'ennemi, sur le plateau du mont Saint-Jean. Dans cette action où ils furent soutenus, à la fin, par les chasseurs et les lanciers de la Garde, il y eut des alternatives en avant et en arrière ; mais, finalement, faute d'infanterie, pour s'emparer, pied à pied, du terrain conquis, on fut repoussé ; et, vers 5 heures du soir, l'attaque du centre ennemi avait échoué, pendant que le corps du général de Bulow débouchait du bois de Paris.

On peut se demander si, à cet instant de la première attaque sur le centre ennemi, il ne convenait pas de lancer les réserves d'infanterie, formées avec les troupes de la Garde. Cela fut fait plus tard ; mais, seulement, lorsqu'il n'y avait, pour ainsi dire, plus de cavalerie.

De 5 heures à 7 heures. — Vers 5 heures du soir, la situation de l'armée anglo-alliée était critique, car l'entrée en scène du corps du général du Bulow se faisait attendre, par suite du mauvais état des chemins. Si l'armée française avait gardé le bois de Paris, ou, mieux encore, au delà, le défilé de l'Asnes, le concours

FERMES DE PAPELOTTE ET DE LA HAIE A WATERLOO

de l'armée prussienne serait, peut-être arrivé trop tard pour ses alliées.

L'attaque de l'aile droite française fut commencée, seulement vers 4 heures 1/2, avec deux brigades d'infanterie, une division de cavalerie et la réserve d'artillerie du corps du général du Bulow. La résistance fut donc possible au début, avec les dix mille hommes du général Lobau et les divisions de cavalerie des généraux Dormon et Subervie.

Une nouvelle charge de cavalerie, par une division de cuirassiers et une division de cavalerie légère, fut ordonnée, contre le plateau du mont Saint-Jean. Cette charge fut soutenue par deux autres divisions de cavalerie et par la division de grosse cavalerie de la Garde; c'est-à-dire par tout ce qui restait de cavalerie disponible. L'armée ennemie, comptant sur le secours des Prussiens, avait pu renforcer son centre; néanmoins, le choc fut terrible et quelques carrés furent écrasés ou disloqués. On peut donc croire que si la cavalerie française avait eu l'appui de son infanterie, l'armée anglo-alliée pouvait être mise en déroute. Mais tel n'était pas le cas, cette cavalerie dont le courage est resté légendaire, agissait seule et dut se replier malgré sa bravoure, après deux heures de lutte sans exemple dans les annales de la guerre.

Etait-ce encore le moment d'employer les dernières réserves de la garde? Nous n'oserions l'affirmer, cependant, il semble que après avoir constaté, une première fois, la crânerie de l'infanterie ennemie, on ne pouvait espérer en avoir raison, avec la cavalerie seule.

Pendant ce temps-là, vers 5 heures et demie, la droite de l'armée française était fortement menacée; car deux nouvelles brigades d'infanterie ennemie sortaient du bois de Paris, avec le complément de l'artillerie du corps du général de Bulow. Il fallut reculer, pied à pied, il est vrai, en appuyant l'extrême droite à Plancenoit, où on fut encore bientôt débordé. Successivement, huit bataillons et trois batteries de la jeune Garde, et trois bataillons de la vieille Garde, furent envoyés de ce côté. Plancenoit fut repris et le corps prussien repoussé, jusque sur les hauteurs de Maransart. En même temps la droite du général de Bulow pliait aussi devant le retour offensif du général Lobau et du général Durutte, lequel s'était emparé de la ferme de Papelotte et faisait de nouveaux progrès contre les défenseurs de la ferme de la Haie et des premières maisons de Smohain.

Les bâtiments de la ferme de Papelotte ont été reconstruits depuis cette époque, à la suite d'un incendie; mais l'ensemble de la position n'a pas été modifié. La ferme de la Haie montre encore ses vieux murs solides et faciles à défendre contre la mousqueterie. Là encore on pouvait tout brûler, avec les projectiles (1).

Dans ces conditions, à 7 heures du soir, la bataille pouvait sembler encore indécise, si on ne tenait pas compte des nouveaux renforts de l'ennemi. Mais, ces derniers étaient considérables et arrivaient au moment critique. Le corps du général Bulow allait recevoir deux brigades de la cavalerie de Pirch Ier; et le corps du général Ziéten débouchait enfin d'Ohain pour reconstituer, avec de nouvelles troupes la gauche de l'armée anglo-alliée. En outre, cette armée avait encore deux divisions d'infanterie et trois brigades de

---

(1) Voir la gravure des fermes de Papelotte et de la Haie, d'après un tableau fait sur place.

cavalerie à peu près intactes ; ce qui n'était point le cas de l'armée française, n'ayant que quelques réserves d'infanterie, les deux tiers de la vieille Garde, soit cinq mille hommes.

De 7 heures à 9 heures. — On pouvait encore ordonner la retraite, il n'en fut pas ainsi ; les dix derniers bataillons de la vieille Garde furent mis en mouvement, pour l'attaque du mont Saint-Jean. Six d'entre eux, trois mille hommes, formant six colonnes, marchèrent avec calme et parvinrent sur le plateau, à l'est de la Haie-Sainte. Les quatre autres bataillons, deux mille hommes, furent provisoirement en réserve. Tout ce qui pouvait encore marcher à l'ennemi, de ce côté, fut porté en avant, pour soutenir les six bataillons de la vieille Garde. Ils renversèrent la première ligne des alliés ; mais, ils furent arrêtés à la seconde, par le tir des gardes anglaises sortant du sol, pour ainsi dire, car elles s'étaient couchées pour se dissimuler. En même temps notre troupe d'élite, prise en flanc par une brigade ennemie, céda sous le nombre, rétrogradant lentement sans se laisser entamer ; mais, reculant et faisant dire aux autres troupes : « la Garde recule!!! » On admet néanmoins qu'elle aurait pu se maintenir sur le plateau, si elle avait été appuyée à ce moment par les quatre bataillons restés en réserve.

Il était dit que dans cette journée fatale à nos armes, toutes les actions les plus héroïques seraient commencées trop tard.

A ce moment, l'avant-garde du corps du général Zieten débouchait par le chemin d'Ohain, et après quelques tâtonnements qui auraient pu avoir de graves conséquences, faisait reculer les troupes françaises à

Papelotte et à Smohain. Ce mouvement en arrière fut fait en désordre sur la ferme de la Belle-Alliance, et fut imité par les troupes intermédiaires entre Papelotte et le mont Saint-Jean.

Il en fut de même à la gauche de l'armée française, lorsque les vétérans de la Garde, accablés, durent se replier, luttant toujours en carrés et sans se laisser rompre par la cavalerie ennemie qui prenait l'offensive.

Les quatre bataillons, dernière réserve de la Garde, furent dirigés sur la droite pour diminuer le désastre.

Sur les hauteurs de la Belle-Alliance (1), tout ralliement fut impossible. Grâce aux renforts de l'armée prussienne, Plancenoit avait été repris par l'ennemi, après une résistance admirable des troupes de la Garde, ce qui permit à notre armée de s'écouler en arrière. A 9 heures du soir, le canon grondait encore du côté de la Belle-Alliance, où les débris de la vieille Garde acceptaient la mort sur le champ de bataille, en brûlant leurs dernières cartouches.

Après cela, ce fut pour l'armée française une retraite des plus difficiles.

Quand on pense aux nombreux incidents de cette journée, et tout en considérant que la bataille semblait s'imposer par les circonstances, on peut croire que cette tentative désespérée a été plusieurs fois sur le point de réussir. Pour la faire échouer il a fallu un assez grand nombre d'erreurs, dont les principales sont peut-être : L'insuffisance de renseignements sur les mouvements ennemis; la transmission difficile des ordres; le retard à commencer l'attaque; le manque d'unité

---

(1) Voir la gravure de la ferme de la Belle-Alliance d'après un tableau fait sur place.

FERME DE LA BELLE ALLIANCE A WATERLOO

d'action entre les différentes armes ; l'emploi incomplet de l'artillerie.

Toutefois, puisque malgré ces erreurs, bien plus faciles à voir après qu'avant la bataille, l'armée française, au dire des historiens les plus impartiaux, aurait approché plusieurs fois de la victoire, on doit admettre que cette armée avait encore, à cette époque, une grande valeur et un grand prestige : elle savait au moins mourir avec dignité.

Actuellement, quand on visite pour la première fois le champ de bataille de Waterloo, on est frappé par son aspect de pays riche et bien cultivé. Les principaux villages ne sont pas dépourvus d'élégance, les routes sont bien entretenues et les fermes sont très confortables. On est surpris de voir que les points principaux dont on a tant parlé : Mont Saint-Jean, Belle-Alliance, Papelotte, etc., sans présenter de grands reliefs, sont doucement mamelonnés et couverts de moissons. Cette contrée qui, sans aucun doute, a été fortement ravagée par la guerre, semble y avoir trouvé dans la suite, sa richesse; car, depuis 1815, les Anglais et les Allemands y ont fait de nombreux pèlerinages. Les Français sont plus rares, bien qu'on puisse y trouver de nombreux sujets d'étude.

L'urbanité des habitants peut être qualifiée de deux manières, suivant que l'on s'adresse à la race wallonne ou à la race flamande, toutes les deux représentées dans ce pays. La première est gracieuse, la seconde ne l'est pas.

Ainsi, j'ai été bien accueilli à la ferme de Papelotte et à celle de la Belle-Alliance. Dans cette dernière, j'ai pu m'entretenir avec une vieille dame, âgée de quatre-vingt-neuf ans, aveugle, dont la mémoire était fort bien conservée, sur les circonstances de la grande bataille, alors qu'elle n'avait que treize ans.

Tandis que, dans d'autres fermes j'ai été assez mal reçu. A la Haie-Sainte, où je demandais la permission d'entrer, le fermier, jeune encore, m'a répondu durement : « Vous n'avez rien à voir ici. »

A Goumont, où pour entrer on paye 50 centimes, j'ai reçu une vive apostrophe. Après avoir vu les ruines de la chapelle et les jardins, je parcourais la cour en regardant l'épaisseur des murs. Tout à coup, une fenêtre du premier étage s'ouvrit brusquement laissant voir une tête de dame agitée et criant : « Que faites-vous là, Monsieur, vous êtes trop curieux, plus curieux que vous n'êtes gros ; vous ne reviendrez pas ! » N'ayant pas la réplique facile, j'ai cru devoir répondre en saluant, aussi poliment que possible, la dame à la fenêtre, qui, heureusement a bien voulu la refermer. J'avais pourtant payé mon entrée.

Lyon, 3 novembre 1891.

LYON. — IMPRIMERIE Vve MOUGIN-RUSAND.

FERME DE LA HAIE-SAINTE A WATERLOO

CHAMP DE BATAILLE DE WATERLOO.

Echelle de $\frac{1}{20.000}$

www.ingramcontent.com/pod-product-compliance
Lightning Source LLC
Chambersburg PA
CBHW060941050426
42453CB00009B/1107